55766742R00066

Made in the USA
Middletown, DE
18 July 2019